BEI GRIN MACHT SICH IHR WISSEN BEZAHLT

- Wir veröffentlichen Ihre Hausarbeit, Bachelor- und Masterarbeit

- Ihr eigenes eBook und Buch - weltweit in allen wichtigen Shops

- Verdienen Sie an jedem Verkauf

Jetzt bei www.GRIN.com hochladen und kostenlos publizieren

GRIN ☺

Grundlagen der Persönlichkeitspsychologie. Emotionale Intelligenz, Soziale Unterstützung, Ängstlichkeit, Zwangsstörungen und zwanghafte Persönlichkeitsstörung

Bibliografische Information der Deutschen Nationalbibliothek:

Die Deutsche Nationalbibliothek verzeichnet diese Publikation in der Deutschen Nationalbibliografie; detaillierte bibliografische Daten sind im Internet über http://dnb.d-nb.de abrufbar.

ISBN: 9783346448583
Dieses Buch ist auch als E-Book erhältlich.

Druck und Bindung: Books on Demand GmbH, Norderstedt Germany
Gedruckt auf säurefreiem Papier aus verantwortungsvollen Quellen

Das vorliegende Werk wurde sorgfältig erarbeitet. Dennoch übernehmen Autoren und Verlag für die Richtigkeit von Angaben, Hinweisen, Links und Ratschlägen sowie eventuelle Druckfehler keine Haftung.

Das Buch bei GRIN: https://www.grin.com/document/1036853

Einsendeaufgabe

Persönlichkeitspsychologie: Emotionale Intelligenz – Soziale Unterstützung – Ängstlichkeit – Zwangsstörungen – zwanghafte Persönlichkeitsstörung

Abgegeben am 04.06.2020

SRH Fernhochschule

Modul: Persönlichkeitspsychologie

Studiengang: Prävention und Gesundheitspsychologie (B.A.)

Inhaltsverzeichnis

Abkürzungsverzeichnis

Abb.	Abbildung
bzgl.	bezüglich
bzw.	beziehungsweise
DSM	Diagnostic and Statistical Manual of mental Disorders
EI	Emotionale Intelligenz
etc.	et cetera
EQ	Emotionaler Quotient
ICD	International Classification of Diseases
IQ	Intelligenzquotient
RA	Rheumatoide Arthritis
SLE	Systemischer Lupus erythematodes
STAI	State-Trait-Angstinventar
STAIK	State-Trait-Angstinventar für Kinder
u.a.	unter anderem
usw.	und so weiter
v.a.	vor allem
WHO	World Health Organisation
z.B.	zum Beispiel
z.Zt.	zur Zeit

Abbildungsverzeichnis

1. Aufgabe 1

1.1 Emotionale Intelligenz (EI)

Eine universell gültige Definition der Bezeichnung emotionale Intelligenz wurde noch nicht eindeutig benannt (Tiebel, 2019, S. 377). Allgemein wird unter emotionaler Intelligenz (EI), die Fähigkeit des Wahrnehmens und Verstehens eigener und fremder Emotionen, sowie deren Interpretation, Ausdruck und Steuerung verstanden (Rauthmann, 2017, S. 205). Sie umfasst auch diverse Fähigkeiten, wie z.B. Empathie, Selbstkenntnis, Team- und Kommunikationsfähigkeit, Überzeugungskraft, usw. (Franken, 2019, S. 38). Wenngleich Goethe seinerzeit schon von „Herzensbildung" sprach, womit heute die EI bezeichnet wird (Jetter & Skrotzki, 2005, S. 25), handelt es sich um ein junges Forschungsgebiet (Pletzer, 2017, S. 13). Es entwickelte sich aus den Ansätzen verschiedener Forscher, welche sich mit den Konstrukten der sozialen und emotionalen Intelligenz beschäftigten. So beschrieb der Psychologe Edward Thorndike 1920 die soziale Kompetenz als Verständnis und Nutzen von Wissen im sozialen Bereich (Rauthmann, 2017, S. 200). Der Psychologe John D. Mayer entwickelte dann zusammen mit dem Emotionsforscher Peter Salovey Ende der 1980'er Jahre die Theorie der multiplen Intelligenzen des Psychologen Howard Gardner weiter. Sie postulierten ihr Modell der emotionalen Intelligenz (Tiebel, 2019, S. 375), welches erstmals 1990 in der Zeitschrift "Imagination, Cognition and Personality" genannt wurde und später durch den Psychologen Daniel Goleman große Popularität erlangte (José, 2016, S. 44). Nach Goleman stellt EI die Fähigkeit zur Wahrnehmung von eigenen Emotionen, sowie der Umgang mit diesen dar, sich mit ihrer Hilfe zu motivieren, die Fähigkeit zur Empathie und der Aufbau und das Beibehalten von Beziehungen (Kanitz, 2014, S. 26). Er sieht in der EI einen deutlichen Zusammenhang mit beruflichem Erfolg (Zehetner, 2019, S. 47). Er schreibt v.a. Fähigkeiten, wie Teamfähigkeit, Konfliktlösung und Stressbewältigung, neben den beruflich-fachlichen Kompetenzen, eine immense Rolle zu (Bosley & Kasten, 2018, S. 43). Goleman beschreibt die EI als eine übergeordnete Fähigkeit, von der sämtliche andere Fähigkeiten abhängen (José, 2016, S. 45). Mittels spezieller Tests kann die EI anhand des EQ (Emotionaler Quotient) gemessen werden. Laut einer US-amerikanischen Studie, welche mit mehr als 800 Personen durchgeführt wurde, weisen Frauen im Durchschnitt eine höhere EI auf, als Männer. Auch ältere Menschen haben hiernach einen höheren EQ. Ebenfalls zeigte sich, dass die Korrelation zwischen IQ und EQ sehr gering ist (Franken, 2019, S. 38).

1.2 Abgrenzung des klassischen Intelligenzbegriffs vom Begriff der emotionalen Intelligenz

Um die EI von der klassischen Intelligenz abzugrenzen, muss zunächst einmal der Begriff Intelligenz konkretisiert werden. Die Intelligenz ist, bezogen auf die Datenmasse und die Dauer der empirischen Forschung, die am besten untersuchte Persönlichkeitseigenschaft (Neyer & Asendorpf, 2018, S. 150). Trotz dieser Tatsache, oder gerade auch deshalb, ist eine einheitliche Definition so gut wie ausgeschlossen (Lindberg & Hasselhorn, 2018, S. 53). Der Begriff geht zurück auf das lateinische Wort „intellare" (= erkennen, begreifen, verstehen), bzw. das Wort „intelligentia" (= Einsicht, Verständnis, Kennerschaft, Erkenntnisvermögen) (Lohaus & Vierhaus, 2019, S. 150). Generell beziehen sich sämtliche Definitionen zur Intelligenz auf kognitive Leistungen und beschreiben die Intelligenz als Fähigkeitskonstrukt (Schuler, 2002, S. 138). Rauthmann definiert sie wie folgt: „Integrierte Gesamtheit aller kognitiven Operationen (Aufnahme, Verarbeitung, Speicherung, Abruf, Kombination und Anwendung von Information) bezogen auf verschiedene Inhaltsbereiche (z.B. verbal, räumlich etc.), deren Ausmaß sich in nach objektiven Kriterien messbaren und auswertbaren Leistungen niederschlägt" (Rauthmann, 2017, S. 190). Die messbare Intelligenz von Personen wird mittels Intelligenzquotient (IQ) bestimmt: „Der Intelligenzquotient gibt Auskunft darüber, wie die intellektuellen Fähigkeiten einer Person in Relation zu einer Vergleichsgruppe ausgeprägt sind" (Lohaus & Vierhaus, 2019, S. 157). Es hat sich gezeigt, dass ein Zusammenhang zwischen IQ und Berufsstatus besteht. So sind hochintelligente Menschen in sämtlichen Berufssparten anzutreffen, während Personen mit niedrigerer Intelligenz in Prestigeberufen rar sind. Dies zeigt, dass ein hoher IQ eine Voraussetzung für die meisten Berufe mit hohem Sozialprestige ist (Neyer & Asendorpf, 2018, S. 157).

Aufgrund der verschiedenen Definitionsansätze zeigen sich auch multiple Unterschiede zwischen Intelligenz und EI: Mit der Bezeichnung EI sind verschiedene Fähigkeiten beschrieben, welche hauptsächlich soziale Kompetenzen darstellen. Mit der rationalen Intelligenz ist sie nicht vergleichbar. Im Gegensatz zur Intelligenz können diese sozialen Fähigkeiten nur ungenügend erfasst werden (J. Asendorpf, 2018, S. 158). Die EI hat mit der rationalen Intelligenz also fast gar nicht gemein. Sie stellt eine fähigkeitsbasierte Kompetenz dar, oder sie beinhaltet eine Ansammlung diverser Persönlichkeitsmerkmale, welche sich in emotionalen Kompetenzen wiederfinden (Neyer & Asendorpf, 2018, S. 170). Nach Goleman sagt das, was als „Intelligenz" bezeichnet wird, so gut wie nichts über die emotionalen Fähigkeiten einer Person aus. So haben oft hochintelligente Menschen Schwierigkeiten in ihrem Privatleben (Goleman & Griese, 1997, S. 54). Auch bezogen auf die Historie beider Konstrukte zeigt sich, dass die EI ein vergleichbar junges Forschungsgebiet darstellt, deren Konzept 1990 von Mayer und Salovey erstmals entwickelt wurde. Durch Alfred Binet wurde bereits im Jahr 1904 ein Test zur Messung von logischem Denken, Urteilsfähigkeit und Verständnis hervorgebracht (Bosley & Kasten, 2018, S. 44). Unterschiede in der Intelligenz werden zudem seit 1884 empirisch untersucht, somit basiert die Intelligenzforschung auf einer langen Historie (J. Asendorpf, 2018, S. 119). Während sich die EI mit zunehmendem Lebensalter bis ins hohe Alter steigern kann, ist die Intelligenz dagegen um das 17. Lebensjahr ausgebildet und ist danach verhältnismäßig gleichbleibend – eine Verschlechterung im Alter ist überdies möglich. Ein weiterer Unterschied besteht in den Testverfahren. In Deutschland existieren zur Messung der EI z.Zt. zwei Testvarianten. Diese erheben Daten zu Eigenschaften, wie z.B. Selbstwahrnehmung, Motivation, Empathie und anderen sozialen Fähigkeiten. Die Tests sind einfach, und es gibt häufig keine eindeutig richtigen oder falschen Antworten. Im Gegensatz dazu gibt es allein 74 deutschsprachige Testvarianten zur IQ-Messung, wovon derzeit 24 Versionen gültig sind. Gemessen wird hier u.a. logisches Denken, mathematische Fähigkeiten, räumliches Vorstellungsvermögen und Denkgeschwindigkeit. Für die geistig niveauvollen Tests gibt es nur eindeutig exakte Antworten. Eine weitere klare Abgrenzung liegt darin, dass die Fähigkeit zur EI erworben werden muss (Pletzer, 2017, S. 13), wogegen die klassische Intelligenz zu ca. 50-80% erblich ist (Bosley & Kasten, 2018, S. 44). Weiterhin wirkt sich EI, im Vergleich zur Intelligenz, positiv auf Teamarbeit aus. Damit zeigt sich auch, dass starke soziale Fähigkeiten ebenso wichtig sind, wie berufliche Fachkenntnisse (Bosley & Kasten, 2018, S. 44–46). Bezogen auf den Lebenserfolg, ist die Intelligenz ein bedeutender, aber nicht hinreichender Faktor (Lohaus & Vierhaus, 2019, S. 165). Für Goleman beträgt der Anteil des IQ, an den Ausstattungsmerkmalen für ein erfolgreiches Leben, maximal 20% (Goleman & Griese, 1997, S. 54).

1.3 Das Modell der emotionalen Intelligenz von Goleman

Aufbauend auf der Theorie der emotionalen Intelligenz von Peter Salovey und John D. Mayer, entwickelte der Psychologe Daniel Goleman 1995 ein Fünf-Stufen-Modell der emotionalen Intelligenz (Decker & Decker, 2015, S. 271). Er benannte hier Fünf Komponenten der emotionalen Intelligenz:

1. **Die eigenen Emotionen kennen (Selbstwahrnehmung):**
   Diese Fähigkeit bezieht sich auf das Kennen der eigenen Emotionen. Auf dieser Basis können sich Selbstvertrauen und angemessene Selbsteinschätzung ausbilden. Das Verstehen des eigenen Verhaltens und der eigenen Motivation kann durch die Selbstwahrnehmung gelingen (Pastoors, Becker, Ebert & Auge, 2019, S. 58). Das Wissen um die eigenen Stärken und Schwächen, sowie um die Wirkung auf andere Menschen zeichnet diese Fähigkeit aus (Jetter & Skrotzki, 2005, S. 27). Für Goleman ist die Selbstwahrnehmung die Basis für EI (Bosley & Kasten, 2018, S. 43).

2. **Emotionen handhaben (Selbstmanagement):**
   Es geht um die Fähigkeit, die eigenen Emotionen zu beeinflussen und
   somit einen angemessenen Umgang mit ihnen zu finden (Pastoors et al.,
   2019, S. 58), plötzliche und dynamische Emotionen kontrollieren zu können, sie zu filtern und schließlich überlegt zu handeln (Jetter & Skrotzki,
   2005, S. 28). Hieraus resultiert z.B. das Verstärken positiver Gefühle
   oder das Verarbeiten negativer Gefühle. Diese Fähigkeit hilft dabei, in
   kritischen Situationen gelassen zu bleiben und sich besser auf verän-
   derte Umstände einstellen zu können. Auch können Chancen besser erkannt und genutzt werden (Pastoors et al., 2019, S. 58).

3. **Emotionen in die Tat umsetzen:**
   Hiermit ist die Fähigkeit gemeint, die eigenen Gefühle zur Erreichung von
   eigenen Zielen zu nutzen. Durch nachhaltiges Handeln, wie z.B. Beloh-
   nungsaufschub (kurzfristigen Anreizen und Verleitungen trotzen) und das
   Unterdrücken impulsiven Handelns, kann dauerhafter Erfolg gewährleis-
   tet werden (Pastoors et al., 2019, S. 59). Die Fähigkeit bildet die Voraussetzung für Selbstmotivation und Kreativität (Goleman & Griese, 1997,
   S. 65). Menschen, die ihre Emotionen zur Zielerreichung einsetzen, zeigen, neben Eigenschaften wie Optimismus und Zielorientierung, auch ein
   hohes Maß an Ehrgeiz und unternehmerischem Engagement (Jetter &
   Skrotzki, 2005, S. 28).

4. **Empathie:**
   Die Empathie beschreibt die Fähigkeit, sich in die emotionale Lage anderer einfühlen zu können. Hieraus Vertrauen herzustellen, sowie ein res-
   pektvoller und wertschätzender Umgang mit anderen, kennzeichnet das
   Wesen empathischer Menschen (Jetter & Skrotzki, 2005, S. 29). Für Goleman ist die Empathie die „Grundlage der „Menschenkenntnis". Empa-
   thische Menschen sind in der Lage, durch das Wahrnehmen versteckter
   Signale, die Bedürfnisse anderer zu erkennen (Goleman & Griese, 1997,
   S. 65–66). Sie sind fähig zu guter Zusammenarbeit im Team (Pletzer,
   2017, S. 14).

5. **Umgang mit Beziehungen:**
   Für Goleman stellt dies die soziale Kompetenz dar, welche sich überwie-
   gend auf den Umgang mit den Emotionen anderer konzentriert (Goleman
   & Griese, 1997, S. 66). Sie ist die Voraussetzung für eine gute Bezie-
   hungspflege (Pastoors et al., 2019, S. 59). Menschen mit sozialer Kompetenz sind gute soziale Netzwerker und können gut Kontakte knüpfen
   und pflegen. Sie verfügen über ein großes Netz an sozialen Kontakten
   und wissen um deren Nutzen zum Erreichen eigener Ziele (Jetter &
   Skrotzki, 2005, S. 30). Die Fähigkeiten im Umgang mit Beziehungen bil-
   den die Grundlage sowohl für die Integration in eine Gemeinschaft, wie
   auch für die Personalführung (Pastoors et al., 2019, S. 59).

Diese fünf Komponenten der EI sind in ihrer Reihenfolge einer Rangordnung folgend: So sieht Goleman die Selbstwahrnehmung als Grundlage der EI, aus der alle anderen Fähigkeiten hervorgehen (Bosley & Kasten, 2018, S. 43), sie ist die Voraussetzung für Empathie, ohne diese wiederum keine soziale Kompetenz möglich wäre (Hawlitzeck, 2018, S. 67). Goleman sieht die EI als Notwendigkeit für den Erfolg in allen Lebensbereichen (Decker & Decker, 2015, S. 9). Sie ist eine Voraussetzung für harmonische Beziehungen. Auch sieht er sie als immensen Faktor für beruflichen Erfolg an, welcher sich nicht allein auf fachliche Kompetenzen zurückführen lässt. Ebenso wichtig ist der professionelle Umgang mit Mitarbeitern unter Berücksichtigung und Einbezug ihres Potentials. Sowohl für Führungskräfte, wie auch für Mitarbeiter sind die der EI zugrundeliegenden Eigenschaften, wie z.B. Teamfähigkeit, Konfliktlösung oder Stressbewältigung, von enormem Nutzen (Bosley & Kasten, 2018, S. 43). Gute Führungskräfte verfügen über einen hohen Grad an EI, denn sie sind in der Lage, Menschen entsprechend ihrer Leistungen einzuschätzen. Wird EI sinnvoll in Unternehmen eingebracht, so kann das Unternehmen davon erfolgversprechend profitieren (Pastoors et al., 2019, S. 59). „Um andere managen zu können, müssen wir zuerst in der Lage sein, uns selbst zu managen" (Hawlitzeck, 2018, S. 67).

1.4. Emotionale Intelligenz als gesundheitsrelevanter Faktor

Der Umgang mit Emotionen spielt, bezogen auf die Lebensqualität, eine immense Rolle (Siegler, Eisenberg, DeLoache & Saffran, 2016, S. 355). So haben positive Gefühle Einfluss auf Glaubenssätze, Erfolg und Optimismus; Entwicklungschancen werden besser erkannt. Auch können Misserfolge besser verarbeitet werden. EI verhilft darüber hinaus zu geistig-emotionaler Flexibilität. Emotional intelligente Menschen können gut soziale Beziehungen (auch vertrauensvolle) aufbauen und beibehalten (Decker & Decker, 2015, S. 271). Diese wirken sich generell gesundheitsfördernd auf das psychische und physische Wohlbefinden aus (Werth, Mayer & Seibt, 2020, S. 22–25). Menschen sind, genau wie verwandte Primaten, soziale Wesen; Gruppen sind für sie daher überlebensnotwendig. So, wie sich ein größeres soziales Netzwerk positiv auf die Lebenszufriedenheit auswirkt, so erhöht umgekehrt Einsamkeit das Risiko für depressive Erkrankungen (Werth et al., 2020, S. 22–23). Aus den Ergebnissen eines Scoping Reviews von Drössler et al. aus dem Jahr 2016, welches die Einflüsse sozialer Beziehungen am Arbeitsplatz u.a. auf mentale Gesundheit, psychisches Befinden, Arbeitszufriedenheit und Leistung untersuchte, ging u.a. hervor, dass fehlende soziale Unterstützung deutlich mit einem erhöhten Burnout-Risiko einhergeht. Soziale Beziehungen sind bedeutende Ansatzpunkte im Bereich der betrieblichen Gesundheitsförderung. Sie können für Mitarbeiter wesentliche Ressourcen zum Erhalt von Wohlbefinden und psychischer Gesundheit darstellen (Drössler, Steputat, Schubert, Euler & Seidler, 2016, S. 4–12). Darüber hinaus hat ein gutes soziales Netzwerk auch starken Einfluss auf die physische Gesundheit und wirkt sich sogar lebenserhaltend aus. So zeigte sich, dass Menschen mit einer Herz-Kreislauf-Erkrankung, welche in einer Paarbeziehung waren, eine 30% höhere Überlebenschance gegenüber beziehungslosen Personen hatten (Werth et al., 2020, S. 24). Auch konnte in einer Studie mit 6928 kalifornischen Erwachsenen nachgewiesen werden, dass schlecht sozial integrierte Männer (hatten wenige oberflächliche Kontakte) nach neun Jahren eine 2,3-mal höhere Mortalität aufwiesen, als Männer die sehr stark integriert waren (hatten neben Familie auch enge Freunde und eine Vielzahl an Bekanntschaften). Bei den Frauen war die Mortalität sogar 2,8-mal höher (Berkman & Syme, 2017, S. 1085). Daneben kann EI auch die Resilienz (psychische Widerstandskraft) durch mehr Gelassenheit im Umgang mit Unsicherheiten stärken. Dies beugt Stress vor, welcher sich negativ und schwächend auf das Immunsystem auswirken kann (Hehn, Cornelissen & Braun, 2015, S. 176). Auch sportliche Aktivitäten, wie z.B. das Initiieren und Beibehalten von physischer Aktivität, werden durch die EI positiv beeinflusst, was somit einen aktiven Lebensstil und schließlich auch die Gesundheit fördert. Emotional intelligente Sportler zeigen unter Druck mehr Leistungsfähigkeit. Dies ist zurückzuführen auf eine gute physiologische Stressresistenz und auf die Anwendung wirksamer Bewältigungsstrategien: Situationen werden weniger als Bedrohung, sondern vielmehr als Herausforderung wahrgenommen (Furley & Laborde, 2020, S. 252). Laut Goleman kann sich emotionale Hy-giene förderlich auf die Gesundheit auswirken. So können etwa Mängel im Bereich der EI das Risiko für z.B. Depressionen, gewalttätiges Verhalten, Drogenkonsum oder Essstörungen erhöhen (Goleman & Griese, 1997, S. 14). Eine Essstörung kann daraus resultieren, dass Gefühle schlecht und/oder falsch wahrgenommen werden: Wenn beispielsweise diverse Gefühle, wie Angst, Wut oder Hunger nicht differenziert werden können, so können sie alle als Hunger aufgefasst werden (Goleman & Griese, 1997, S. 313).

2. Aufgabe 2

2.1 Soziale Unterstützung

Die soziale Unterstützung ist eines der Kernkonzepte der Gesundheitspsychologie (Niemann, 2019, S. 54). Das Forschungsinteresse dieses, seit seiner Einführung in den 1970er Jahren gut evidenzbasierten Konzeptes, ist weiterhin ungebrochen (Klauer, Knoll & Schwarzer, 2007, S. 141). Nach Faltermaier wird mit sozialer Unterstützung die in einer Belastungssituation interpersonell hervorgebrachte Hilfe bezeichnet, welche von Menschen aus dem sozialen Umfeld geleistet wird und welche zur Bewältigung der Belastung dienlich ist. Hierzu werden Personen aus dem individuellen sozialen

Netzwerk herangezogen. Diese umfassen u.a. enge Vertrauenspersonen (z.B. Partner und Familienmitglieder), Verwandte, Freunde, Kollegen und Nachbarn. Enge Vertrauensbeziehungen spielen hierbei die wichtigste Rolle (Faltermaier, 2017, S. 190–191). Unterschieden wird die soziale Unterstützung in erhaltene Unterstützung, welche sich auf die tatsächlich vom Empfänger geleistete Unterstützung bezieht, und in die wahrgenommene Unterstützung. Diese umfasst die Unterstützung, welche eine Person prospektiv aus ihren sozialen Kontakten als abrufbar wahrnimmt. Beide Arten der Unterstützung haben keine nennenswerte Überschneidung (Knoll, Scholz & Rieckmann, 2017, S. 142). Damit die personale Interaktion auch wirklich als soziale Unterstützung wirksam wird, ist allein die Wahrnehmung des Perzipienten entscheidend, ob er die Unterstützung als hilfreich empfindet (Knoll et al., 2017, S. 145). Je nach Größe und Qualität der individuellen sozialen Netzwerke, variiert der Umfang an erwarteter und erhaltener sozialer Unterstützung. So wirkt sich auf den Grad der erhaltenen Unterstützung nicht nur die Menge und Qualität der hilfreichen sozialen Kontakte aus, sondern auch, wie diese individuell subjektiv bewertet werden, und ob sie sich im Bedarfsfall auch tatsächlich verwirklichen lassen (Abb. 1) (Franzkowiak, 2018).

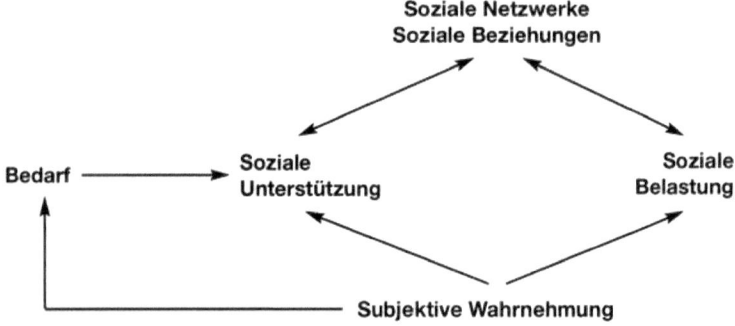

Abb. 1: „Ein Übersichtsmodell zum Verhältnis von sozialen Netzwerken, sozialen Beziehungen, sozialer Unterstützung und sozialer Belastung"

(Quelle: Borgetto, Kälble, 2007; zitiert nach Franzkowiak, 2018)

Faltermaier unterteilt die soziale Unterstützung nochmal nach Art ihrer Funktion in:

- Emotionale Unterstützung, bei welcher persönliche Gespräche, Trost, Empathie, Liebe, Vertrauen und das Umsorgen im Vordergrund stehen.
- Instrumentelle Unterstützung, welche sich auf das Lösen von Problemen, sowie das Leisten praktischer Hilfe und das Erledigen von Arbeiten bezieht.

- Informationelle Unterstützung, die das Erhalten von Informationen durch andere Personen beinhaltet.
- Evaluative Unterstützung. Diese bedeutet z.B. Feedback und Wertschätzung (Faltermaier, 2017, S. 190–191)

Die soziale Unterstützung ist bei kleineren Herausforderungen des alltäglichen Lebens von einer anderen Qualität, als in schweren Krisen. Hier spielen insbesondere u.a. sozialer Rückhalt, loyale Anteilnahme, Selbstwertstützung, emotionale und kognitive Unterstützung, Ratschläge und alltagspraktische Hilfen eine große Rolle (Franzkowiak, 2018). Auch bzgl. Der Geschlechter gibt es Unterschiede. Empirisch belegt ist u.a., dass Frauen über umfangreichere soziale Netzwerke verfügen, als Männer, und sie auch insgesamt mehr Unterstützung empfangen und anbieten. Dies kann evtl. mit einer bei Frauen erhöhten Verfügbarkeit des Bindungshormons Oxytocin erklärt werden (Knoll et al., 2017, S. 151).

2.2 Zusammenhänge zwischen sozialer Unterstützung und Gesundheit

Soziale Ressourcen in Form von Hilfe und Unterstützung können nachweislich die Gesundheit, das Gesundheitsverhalten und eine verbesserte Krankheitsbewältigung fördern (Franzkowiak, 2018). In zahlreichen epidemiologischen Studien konnte nachgewiesen werden, dass Individuen, welche in stabile soziale Netzwerke integriert sind, gesünder, zufriedener und länger leben, als sozial abgeschiedene Personen. Die gesundheitsförderliche Wirkung der sozialen Unterstützung funktioniert einerseits über den sogenannten Haupteffekt. Dieser hat einen direkten positiven Einfluss auf diverse Gesundheitsparameter. Andererseits senkt sie über den „Puffereffekt" die negativen Auswirkungen von Stress auf die Gesundheit (Ditzen & Heinrichs, 2007, S. 143–145). Mittels Laborstudien seit Beginn der 1990er Jahre konnte gezeigt werden, dass sich soziale Unterstützung direkt auf den Organismus auswirkt, die stärkste Wirkung aber durch den Puffereffekt, der während Stressepisoden greift, hervorgerufen wird. Hier hat v.a. die nicht bewertende Unterstützung einen positiven Einfluss auf das Herz-Kreislauf-System, das endokrine Stresssystem und auf das Immunsystem. Nachgewiesen wurde, dass soziale Unterstützung und soziale Eingliederung mit angstsenkenden und belohnungsrelevanten Transmittersystemen in Wechselbeziehung stehen, welche die physische Stressreaktivität effektiv senken (Ditzen & Heinrichs, 2007, S. 153). Die Ergebnisse der Alameda-County-Study, welche als eine der ersten Arbeiten den Zusammenhang zwischen sozialer Integration und Gesundheit untersuchte (siehe Abschnitt 1.4) zeigten, dass ein starkes soziales Netzwerk einen Schutz vor Krankheit und Tod darstellt. Weniger schlecht sozial integrierte Personen starben demnach früher, als Menschen mit vielen Sozialkontakten und engen sozialen Bindungen (Berkman & Syme, 2017). Nach einer Metaanalyse von House et al. hat ein Mangel an sozialen

Kontakten eine ähnlich negative Auswirkung auf das Gesundheitsrisiko, wie das Rauchen (House, Landis & Umberson, 1988, S. 541). Uchino et al. kamen in einer weiteren Metaanalyse aus dem Jahr 1996 zu dem Ergebnis, dass sich soziale Unterstützung günstig auf die biologische Seneszenz auswirken kann. Soziale Unterstützung beeinflusst u.a. positiv das kardiovaskuläre, das Immun- und das neuroendokrine System, unabhängig vom Alter (Uchino, Cacioppo & Kiecolt-Glaser, 1996, S. 488). Eine Übersichtsstudie von Hemingway und Marmot (1999, zitiert nach Knoll et al., 2017, S. 151) zeigte, dass fünf von acht prospektiven Studien einen Einfluss von sozialer Integration auf koronare Herzerkrankungen darlegen. Unter den prognostischen Studien wiesen neun von zehn Arbeiten diesen Zusammenhang ebenfalls nach. Weiterhin konnte der Puffereffekt bei gut sozial unterstützten Lehrern nachgewiesen werden, welche in Stressperioden keine Blutdruck- und Herzratenanstiege hatten (Steptoe, 2000; zitiert nach Knoll et al., 2017, S. 153). Ebenso konnte aufgezeigt werden, dass soziale Unterstützung das Wohlbefinden von Lernenden innerhalb einer Berufsausbildung stark fördert; auch hier senkt eine gute soziale Unterstützung das Stresserleben (Hösli-Leu, Wade-Bohleber & Wyl, 2018, S. 36). Ferner berichten Adler und Matthews, dass Menschen mit sozialer Unterstützung unter Stress weniger zu gesundheitsschädlichem Verhalten, wie z.B. rauchen oder starkem Alkoholkonsum, neigen. Auch werden sozial unterstützte Personen weniger oft rückfällig nach Alkohol- oder Tabakentwöhnung. In ihrem Review führen sie außerdem Studien auf, welche ein erhöhtes Mortalitätsrisiko für sozial isolierte Personen aufzeigen (Adler & Matthews, 1994, S. 236–244). Auch auf prämenstruelle Beschwerden, wie das prämenstruelle Syndrom (PMS) oder die prämenstruelle dysphorische Störung (PMDS) kann eine wahrgenommene soziale Unterstützung (z.B. durch den Partner oder die Mutter) eine präventive Wirkung haben (La Marca-Ghaemmaghami, 2016, S. 226–227). Eine weitere Auswirkung der sozialen Unterstützung als stresspuffernde Ressource zeigt sich bei Patienten mit RA (Rheumatoider Arthritis) und SLE (Systemischer Lupus erythematodes). Hier konnten sich sowohl die wahrgenommene wie auch die quantitative soziale Unterstützung als Prädiktoren für eine reduzierte Krankheitsaktivität und eine gesteigerte Lebensqualität herausstellen. Die soziale Unterstützung scheint bei RA-Patienten einerseits stabilisierend (direkt) sowie andererseits protektiv (indirekt) zu agieren (Kühler & Euteneuer, 2016, S. 262–263). Abschließend ist festzuhalten, dass soziale Unterstützung eine bedeutsame Ressource zur förderlichen und sinnvollen Bewältigung akuter und chronischer Stressoren darstellt. Soziale Netzwerke fungieren diesbezüglich wie „soziale Immunsysteme". Die wahrgenommene soziale Unterstützung ist dabei nicht unbedingt von der Größe des sozialen Netzwerks abhängig. Vielmehr ist es wichtig, wie hoch die subjektive Überzeugung der zu unterstützenden Person ist, bei Bedarf tatsächlich Unterstützung zu erhalten. So stellt die Integration in ein familiäres und soziales Netzwerk schon allein deshalb eine Stressressource dar, weil ein Gefühl der Zugehörigkeit, sowie das Gefühl, im Notfall daraus Hilfe generieren zu können, eine protektive und risikohemmende Wirkung ausübt (Franzkowiak, 2018).

2.3 Soziale Unterstützung als Persönlichkeitsmerkmal

Faltermaier beschreibt Persönlichkeitsmerkmale als „überdauernde und relativ stabile Merkmale einer Person" (Faltermaier, 2017, S. 126). Insofern kann v.a. die wahrgenommene soziale Unterstützung als Persönlichkeitsmerkmal verstanden werden, denn sie ist als eine allgemeine Erwartung, unterstützt zu werden, aufzufassen. Diese Erwartung bleibt über mehrere Jahre konstant. Sie ist somit auch Teil des Selbstkonzeptes (Ditzen & Heinrichs, 2007, S. 144). Die als zur Verfügung stehende wahrgenommene soziale Unterstützung ist der Auffassung nach ein Wahrnehmungsurteil. Sie steht im Zusammenhang mit dem Selbstwertgefühl und dem Kontrollerleben, da sie mit der übergreifenden Überzeugung, von anderen Personen Akzeptanz zu erfahren, einhergeht (Reithmayr, 2008, S. 27). Die potenzielle Unterstützung kann durch das soziale Selbstwertgefühl beeinflusst sein. Sie ist kein Umweltmerkmal, sondern viel mehr ein Persönlichkeitsmerkmal. Im Zusammenhang mit einer Selbstwirksamkeitserweiterung kann die potenzielle soziale Unterstützung und auch die tatsächliche soziale Unterstützung die effektiven Bewältigungsstrategien fördern (J. B. Asendorpf, 2019, S. 168–169). Es hat sich gezeigt, dass bei der Auswahl von Strategien zur Stressbewältigung ein starker Zusammenhang zwischen dem Persönlichkeitsmerkmal der Extraversion und der sozialen Unterstützung besteht (Kohlmann & Eschenbeck, 2017, S. 5). Die Aktivierung von Unterstützung, die Beschaffenheit des sozialen Netzwerks und die wahrgenommene soziale Unterstützung werden stark von personalen Ressourcen und bestimmten Persönlichkeitsmerkmalen beeinflusst. Hier spielen u.a. Extraversion, Optimismus, Selbstwertgefühl, Selbstwirksamkeit, soziale Kompetenz und auch Neurotizismus eine entscheidende Rolle. In sämtlichen Phasen des chronologischen Verlaufs von Sozialbeziehungen sind unterschiedliche Eigenschaften wichtig. Der Beziehungsaufbau geht z.B. geselligen, selbstbewussten und sensiblen Menschen leichter von der Hand. Hinderlich dagegen wirken sich hier Neurotizismus, Intraversion, Ängstlichkeit oder Depression aus. Empathie und kooperative Eigenschaften sind wiederum wichtig zur Pflege und Aufrechterhaltung von Beziehungen, während Merkmale wie Pessimismus oder Zynismus Vertrauensbeziehungen und auch die erwartete Unterstützung nachteilig beeinflussen (Niemann, 2019, S. 79–80). Generell kann die soziale Unterstützung als Merkmal der individuellen Bindungssicherheit und somit auch als interpersonale Disposition angesehen werden (Klauer et al., 2007, S. 142). Nach Hobfoll und Kollegen stellt die Sammlung an persönlichen und sozialen Ressourcen wesentliche Aspekte der menschlichen Identität dar. Menschen sind generell bestrebt, die soziale Unterstützung aufrechtzuerhalten, um ihren Bedürfnissen zur Erhaltung bestimmter Ressourcen gerecht zu werden und um ihre Identität zu schützen und zu erhalten. Hobfoll et al. sehen in der sozialen Unterstützung neben der hilfreichen Komponente, noch eine weitere selbstdefinierende

Funktion, welche die Voraussetzung zur Gewährleistung einer stabilen Selbstwahrnehmung darstellt (Hobfoll, Freedy, Lane & Geller, 1990, S. 467).

2.4 Stabile Partnerschaft als Hilfe bei der Bewältigung einer chronischen Krankheit

Generell wird die Lebensqualität, die Lebensdauer und der Heilungsverlauf von chronisch Kranken durch soziale Unterstützung positiv beeinflusst. Neben dem Arzt oder Selbsthilfegruppen, stellt auch die unterstützende Partnerschaft eine wesentliche Säule dar (Badura, 1988, S. 85). So ist der Lebenspartner für einen Großteil der Krebspatienten die wichtigste Bezugsperson. Es konnte nachgewiesen werden, dass sich partnerschaftliche Unterstützung positiv auf den Genesungsprozess sowie die Adaption an die Erkrankung auswirkt. Auch die Hoffnungslosigkeit wird, infolge der geförderten Bedrohungsabwehr (als Bewältigungsstrategie) durch ein hohes Maß an familiärer Unterstützung gesenkt. Männer verlassen sich sogar hauptsächlich auf den Ehepartner als Hauptunterstützer (Schulz & Schwarzer, 2004, S. 1–2). Diese partnerschaftliche soziale Ressource schützt sie dabei gesundheitlich. Innerhalb einer stabilen partnerschaftlichen Beziehung erfahren Männer häufig ein hohes Maß an sozialer Unterstützung. Diese hilft im Umgang mit psychischen Stressoren. Generell zeigt sich bei ihnen ein besseres Gesundheitsverhalten. Dies ist bei partnerlosen Männern häufig wesentlich schlechter (Faltermaier, 2017, S. 333). Neben der sehr wichtigen emotionalen Unterstützung, welche z.B. vom Partner vollbracht werden kann, sind in unterschiedlichen Phasen des Krankheits-Bewältigungsprozesses, jeweils andere Formen der sozialen Unterstützung hervorzuheben. Zu nennen ist hier die informationelle Unterstützung, die instrumentelle Unterstützung und auch die evaluative Unterstützung, bei welcher der Erkrankte Wertschätzung und Bestätigung erfährt. Sowohl der engere als auch der weitere Bekanntenkreis kann hier die Unterstützung leisten. Bei einer chronischen Erkrankung ist letztlich die komplette Familie des Kranken betroffen, da sie als Entscheider (z.B. in behandlungsrelevanten Fragen) und auch Problemlöser fungieren muss (Faltermaier, 2017, S. 271). Bei Brustkrebspatientinnen hat sich ein positiver Zusammenhang bzgl. der vom Ehemann oder Arzt geleisteten sozialen Unterstützung und günstigen Effekten auf die Überlebensrate und die Aktivität der natürlichen Killerzellen (NKZA) gezeigt (Stockhorst, 2016, S. 196). Traa und Kollegen stellen fest, dass ein angemessenes dyadisches Coping auch die partnerschaftliche Beziehung verbessert – trotz Krebserkrankung. Besonders Paare, welche in der Lage sind, ihre Gefühle, Sorgen und Bedürfnisse im Hinblick auf krebsbezogene Inhalte und bzgl. ihrer Beziehung zu teilen, haben besser funktionierende Partnerschaften (Traa, Vries, Bodenmann & Den Oudsten, 2015, S. 10). Auch im Alter spielt der Partner als sozial Unterstützender eine immense Rolle, v.a. in Bezug auf instrumentelle und emotionale Unterstützung. So gibt es z.B. eine hohen Anteil an Partnern, welcher Unterstützung bei Pflegebedürftigkeit leistet (Hübner, S. 144). Dyadische Unterstützung kann aber auch negative Auswirkungen auf die Krankheitsbewältigung haben. Wird beispielsweise die Überbehütung als Bewältigungsstrategie gewählt, so kann dies zur zu einer Unselbstständigkeit des Partners führen, da er in eine Schonhaltung gebracht wird, weil ihm sämtliche Dinge abgenommen werden (Schulz & Schwarzer, 2004, S. 4).

3. Aufgabe 3

3.1 Ängstlichkeit

Ängstlichkeit bezeichnet ein Persönlichkeitsmerkmal, welches das Erleben der Angst als Neigung bzw. Disposition einer Person beschreibt. Das, was im alltäglichen Sprachgebrauch unter Angst verstanden wird, bezieht sich auf das im Augenblick erlebte Gefühl der Angst. Im Unterschied zur Angst, welche eine momentane, nicht andauernde Begebenheit beschreibt, stellt die Ängstlichkeit eine allgemeine Neigung dar, Angst in diversen Situationen zu empfinden. Das Ausmaß der Ängstlichkeit ist dabei individuell unterschiedlich stark ausgeprägt (Ehrlenspiel & Mesagno, 2020, S. 269–271). Ängstlichkeit ist von der Angst also insofern abzugrenzen, als dass es sich bei ihr um eine Persönlichkeitseigenschaft handelt (trait anxiety), im Gegensatz zur Zustandsangst (state anxiety) (Morschitzky, 2009, S. 21). Beispielsweise beschreibt die Aussage „Ich bin ein ängstlicher Mensch" die überdauernde Persönlichkeitseigenschaft (Trait), wobei die Aussage „Ich habe Angst" einen momentanen Zustand ausdrückt (State) (Schmidt-Atzert, Amelang & Fydrich, 2012, S. 277). Ängstlichkeit ist demnach eine situationsunabhängige und persönlichkeitsspezifische Verhaltensbereitschaft, bei der etliche Situationen als beängstigend und beunruhigend empfunden werden, woraufhin dann die Reaktion der Zustandsangst erfolgt (Morschitzky, 2009, S. 21). Ängstlichkeit ist eine Facette des Neurotizismus in allen hierarchischen Eigenschaftsmodellen. Je nach Grad der Anforderung kann sich Ängstlichkeit entweder leistungsfördernd (einfache Aufgaben) oder leistungsmindernd (schwierige Aufgaben) auswirken (Verlagsgruppe Beltz).

3.2 Messung von Ängstlichkeit

Die Messung von Angsterkrankungen kann, ergänzend zu klinischen Unter-
suchungen, anhand einer Fragebogendiagnostik erfolgen. Hier sind zum einen Fremdeinschätzungsskalen und zum andern Selbsteinschätzungsskalen
zu unterscheiden. Ein Beispiel für eine Fremdeinschätzungsskala ist die Ha-
milton-Angst-Skala. Sie wird oft angewendet und besteht aus 14 Items, nach
welchen durch einen Kliniker der Schweregrad verschiedener Angstsymp-
tome bewertet wird. Dabei reicht die Bewertung von 0 (nicht vorhanden) bis
hin zu 4 (sehr schwer). Klinisch signifikante Angst liegt ab einem Wert von 18
vor. Eine oft verwendete Selbsteinschätzungsskala ist u.a. das State-Trait-
Angstinventar (STAI) (Wagner, 2018, S. 126–127). Es ist die deutsche Fassung des „State-Trait-Anxiety Inventory" von Spielberger et al. aus dem Jahr
1970 welche zuletzt 1981 überarbeitet wurde. Das STAI misst Angst sowohl
als Zustand (State), wie auch als Eigenschaft (Trait) mit zwei separaten Ska-
len. Es ist ökonomisch und messgenau und erlaubt eine isolierte Messung
von verhaltenseigener Ängstlichkeit und Zustandsangst (Schmidt-Atzert et al.,
2012, S. 279–280). Es ist ein Standardinstrument der Stress- und Angstfor-
schung und hat allgemein eine hohe Akzeptanz. Das STAI besteht aus 20
State-Angst und 20 Trait-Angst -Items. Verwendete Items sind z.B. „Ich fühle
mich angespannt" oder „Ich bin ruhig". Die State-Antwort-Skala gibt die Auswahl von „Überhaupt nicht" (1), „ein wenig" (2), „ziemlich" (3), „sehr" (4) vor.
Bei der Trait-Skala reichen die Antworten von „fast nie" (1), „manchmal" (2),
„oft" (3) bis zu „fast immer" (4). Die Bearbeitungszeit dauert 3-6 Minuten pro
Skala. Nach Inversion der 17 auf Angstfreiheit formulierten Items erfolgt die
Addition der Punktwerte alles Items. Im Ergebnis zeigen sich dann Werte von
20-80, wobei höhere Werte mit einer höheren Ängstlichkeit gleichzusetzen
sind. Das STAI ist ab dem 15. Lebensjahr anwendbar. Eine separate Kinder-
fassung liegt ebenfalls vor (STAIK) (Kulzer).

3.3 Zwangsstörungen

Was vom französischen Psychiater Esquirol im Jahr 1938 als „Krankheit des
Zweifelns" benannt wurde und als „Verrücktheit bei klarem Verstand" vom
französischen Arzt Le Grand du Saulle in der zweiten Hälfte des 19. Jahrhun-
derts, beschrieb bereits die Zwangserkrankung. Auch bekannte Persönlich-
keiten, wie Charles Darwin und Martin Luther litten darunter (Morschitzky,
2009, S. 105). Die Diagnose von psychischen Störungen, wie auch von
Angststörungen, erfolgt nach dem ICD-10 (International Codex of Disease),
dem aktuell gültigen Diagnoseschema der WHO und nach dem DSM-IV-TR.

Das DSM-IV (Diagnostic and Statistical Manual of Disorders) erschien im Jahr 1994 als 4. Version des Diagnoseschemas der amerikanisch psychiatrischen Vereinigung. Es berücksichtigt stärker die Kriterien einer rigoros empirischen und sich auf Forschungsergebnissen stützenden Diagnostik (Morschitzky, 2009, S. 25–26). Das DSM-IV zählt die Zwangsstörung zu den Angststörungen, während sie im ICD-10 als gleichgeordnete (andersartige) Krankheitsgruppe gilt. Sie ist damit nicht der Angststörung untergeordnet, sondern gehört zu den neurotischen Störungen (Morschitzky, 2009, S. 107–118). Nach Beise und Kollegen sind für Zwangsstörungen sich zwanghaft wiederholende Gedanken, Impulse und Handlungen, welche von den Betroffenen als sinnlos, belastend und auch beängstigend empfunden werden, charakteristisch. Versuche, diese Muster zu unterlassen, sind meist erfolglos. Betroffen sind etwa 1-3% der Bevölkerung. Mit dem Einsetzen während der Adoleszenz oder im frühen Erwachsenenalter, sind Zwangsstörungen bei ca. 90% der Betroffenen vor dem 35. Lebensjahr komplett ausgebildet. Ursächlich können Zwangsstörungen genetisch bedingt sein, da Verwandte ersten Grades ein bis 3 bis 12fach erhöhtes Krankheitsrisiko aufweisen. Weiterhin spielen auch psychologische Aspekte eine Rolle. So kann sich etwa nach der psychoanalytischen Theorie, infolge einer Fixierung auf die anale Phase, das Bedürfnis nach Beschmutzung in das exakte Gegenteil (z.B. zwanghaftes Sauberkeitsverhalten) umkehren. Die Lerntheorie besagt, dass die Zwangsstörung eine Form der Angstbewältigung abbildet, indem z.B. die Angst vor Krankheiten – infolge des Anfassens von verunreinigten Gegenständen – durch zwanghaftes Händewaschen vermindert wird (Beise, Heimes & Schwarz, 2009, S. 327). Zwangssymptome treten in drei Formen in Erscheinung: Zwangsgedanken, Zwangsimpulse und Zwangshandlungen. Treten bei den Patienten Zwangsgedanken auf, so äußern sich diese z.B. als Zweifel, ob Herd oder Autolicht ausgeschaltet sind oder in der Angst, sich bei Berührung von Gegenständen oder Personen zu verunreinigen. Oft belasten mehrere Arten von Zwangsgedanken die Betroffenen (Beise et al., 2009, S. 328). Je mehr versucht wird, die Zwangsgedanken zu unterdrücken, desto stärker werden sie (Reinecker, 2011, S. 1009). Zwangsimpulse sind Handlungsimpulse, welche unwillkürlicher Art sind und sich zwanghaft aufdrängen. Das Ausführen dieser Handlungen ist zwar meist vermeidbar, dennoch leiden die Erkrankten unter der permanenten Angst, sie auszuüben. Zwangshandlungen beziehen sich u.a. auf Kontrollzwänge, wie das ständige Überprüfen ob die Haustür abgeschlossen ist, oder auch auf den Waschzwang. Die Handlungen werden gegen den Willen des Handelnden ausgeführt (Beise et al., 2009, S. 328). Die infolge der Handlung kurz erlangte Erleichterung, hält den Zwang aufrecht (Birbaumer & Schmidt, 2018, S. 732). Bei Unterlassungsversuchen kommt es zu Angst und psychischen Anspannungen. Die Zwangsgedanken und die Zwangshandlungen treten bei zwei Drittel der Betroffenen auf (Beise et al., 2009, S. 328). Allgemein leiden die Erkrankten unter immensen Beeinträchtigungen der Lebensqualität (Reinecker, 2011, S. 1006).

3.4 Die zwanghafte Persönlichkeitsstörung

Nach den Behandlungsleitlinien für Persönlichkeitsstörungen, liegt eine Persönlichkeitsstörung dann vor, wenn Personen extreme Verhaltensweisen und Einstellungen zeigen. Diese sind dabei derart ausgeprägt, dass Beeinträchtigungen der persönlichen Zufriedenheit und der persönlichen Zielerreichung vorliegen, oder wenn die betroffene Person durch diese Gegebenheiten oft soziale Konflikte hat (Bohus, 2009, S. 11). Persönlichkeitsstörungen beschreiben demnach sozial unflexible und schlecht angepasste Verhaltensauffälligkeiten (Fiedler, 2011, S. 1102). Es handelt sich um Interaktionsauffälligkeiten, welche personentypisch und wiederholt beobachtbar sind. In der Regel zeichnen sich die charakteristischen Verhaltensmuster schon in Kindheit oder Jugend ab (Fiedler, 2011, S. 1118). Generell entscheidet der Grad der Ausprägung darüber, ob aus einer Persönlichkeitseigenschaft eine Persönlichkeitsstörung wird (Morschitzky, 2009, S. 481). Eine Form der Persönlichkeitsstörungen ist die zwanghafte oder auch anankastische Persönlichkeitsstörung. Sie ist bei ca. 1% der Bevölkerung verbreitet. Charakteristische Merkmale der anankastischen Persönlichkeitsstörung sind z.B. Zweifel und Unentschlossenheit, permanentes Beschäftigen mit Ordnung, Regeln und Listen, Perfektionismus, übertriebene Gewissenhaftigkeit, fehlende Flexibilität und zwischenmenschliche Kontrolle (Morschitzky, 2009, S. 122). Die Betroffenen sind übergenau im Bereich Ordnung und in der Einteilung ihres Tagesablaufs; Unordnung ist für sie unerträglich (Tölle, Windgassen & Lempp, 2009, S. 117). Infolgedessen sind bei ihnen Eigenschaften wie Aufgeschlossenheit und Flexibilität stark beeinträchtigt (Fiedler, 2011, S. 1104). Die zwanghafte Persönlichkeitsstörung besteht schon seit der Jugend und dauert ein Leben lang an (Morschitzky, 2009, S. 122).

Im Gegensatz zur Zwangsstörung, liegen bei der anankastischen Persönlichkeitsstörung keine Zwangsgedanken und Zwangshandlungen vor. Betroffene haben auch keine Schuldgefühle (Morschitzky, 2009, S. 122). Bei ihnen besteht eine Starre im Denken und Handeln, mit der Sicherheit herbeigeführt werden soll. Weil Betroffene der zwanghaften Persönlichkeitsstörung ihr Verhalten als ich-synton (mit der eigenen Persönlichkeit identifizierend und stimmig) erleben, verspüren sie kein Bedürfnis nach Veränderung oder Therapie (Morschitzky, 2009, S. 184). Personen mit einer Zwangsstörung hingegen erleben ihr Verhalten ich-dyston, d.h., sie empfinden ihre Gedanken und ihre Handlungen häufig als nicht stimmig, übertrieben und nicht zur eigenen Person passend (Elze, 2020). Bei 10-25% der Zwangs-Erkrankten liegt ebenfalls eine anankastische Persönlichkeitsstörung vor (Morschitzky, 2009, S. 122).

3.4.1 Behandlung von Persönlichkeitsstörungen

Allgemein sollten im Fokus der Therapie die aus der Persönlichkeitsstörung resultierenden Beeinträchtigungen der Interaktion, der Emotionalität, der Realitätswahrnehmung, der Selbstdarstellung und der Impulskontrolle stehen. Die Behandlung kann z.b. bei sozialen Situationen des Lebensalltags, in denen Probleme und Konflikte der Interaktion zentral sind (z.B. mit Familie, Kollegen), ansetzen. Somit stellen solche Situationen im Therapieverlauf dann signifikante Inhalte der Behandlung dar (Fiedler, 2011, S. 1110–1111). Ebenfalls wichtig ist es, das soziale Umfeld der Betroffenen zu betrachten, da auch hier Kontakte mit Persönlichkeitsstörungen bestehen können. Grundsätzlich wird das Training von sozialen Fertigkeiten in die Behandlung einbezogen, weil Persönlichkeitsstörungen meistens mit komplexen Störungen zwischenmenschlicher Beziehungen einhergehen. Die Betroffenen sollen einen Umgang mit zwischenmenschlichen Problemen des Alltags erlernen. Auch spielen Selbsthilfekonzepte eine immense Rolle (Fiedler, 2011, S. 1111).

Nach den Praxisleitlinien sind psychotherapeutische Verfahren die Methode der Wahl. Der Beginn der Behandlung wird hierbei komplementär vollzogen, so dass eine Angleichung des Therapeuten an die Beziehungserwartung des Patienten erfolgt. Weiterhin sollen unzweckmäßige Erwartungen gestört werden, damit neue Erfahrungen angelegt werden können. Eine wichtige Voraussetzung zur Bewerkstelligung von gezielten therapeutischen Maßnahmen, liegt in der frühzeitigen Feststellung einer Persönlichkeitsstörung schon im Kindes- oder Jugendalter (Bohus, 2009, S. 2). Eine (psycho-)pharmakologische Behandlung kann eine sinnvolle Ergänzung zu den genannten Maßnahmen darstellen. Angezeigt ist dies v.a. bei Angst- und Depressionszuständen und auch bei anderen psychischen Beschwerden, wie z.B. Schlafstörungen, Panikattacken, Unruhezuständen, usw. (Fiedler, 2011, S. 1118).

3.4.2 Behandlung der zwanghaften Persönlichkeitsstörung

Je nach Art der Persönlichkeitsstörung, erfolgt eine individuelle Form der Behandlung (Fiedler, 2011, S. 1118). So sollten bei der Behandlung der anankastischen Persönlichkeitsstörung nur einzelne Charakterzüge bearbeitet werden, da einige der charakteristischen Verhaltensmerkmale der Betroffenen durchaus gesellschaftlich anerkannt sein können – z.B. Verlässlichkeit und Gewissenhaftigkeit im beruflichen Zusammenhang. Erschwerend auf die Therapie wirkt sich allgemein der Perfektionismus sowie die Rigidität der Patienten aus. So ist hier eine vom Therapeuten komplementär angelegte

Beziehungsgestaltung wichtig, damit der Patient nicht zu viel Kontrolle verliert. Er muss stets ausreichend Struktur und Sicherheit haben, damit er sich schrittweise auf die Therapie einlassen kann (Bohus, 2009, S. 112–118). Dem Betroffenen soll durch Reflexion seiner persönlichen Geschichte ein Zugang zu seinen verborgenen Emotionen und Bedürfnissen gestaltet werden. Der im Elternhaus erlebte Umgang mit Kontrolle und Unterdrückung soll sich ins Bewusstsein gerufen werden. Notwendigerweise sollen auch die rigiden Gewissensstrukturen verändert und die unterdrückten Autonomiebedürfnisse gefördert werden. Ebenfalls hilfreich kann das Nahebringen von sozialen Kompetenzen, sowie das Erlernen von Entspannungstechniken und genussvollen Erlebens sein (Schmeck & Schlüter-Müller, 2009, S. 73–74). Bezüglich einer erfolgreichen pharmakologischen Behandlung der zwanghaften Persönlichkeitsstörung, liegen keine empirischen Daten vor. Ebenso wenig zur Dauer der Therapie (Bohus, 2009, S. 115–116)

Literaturverzeichnis

Adler, N. & Matthews, K. (1994). Health psychology: why do some people get sick and some stay well? *Annual Review of Psychology, 45*, 229–259. https://doi.org/10.1146/annurev.ps.45.020194.001305

Asendorpf, J. (2018). *Persönlichkeit: was uns ausmacht und warum*. Berlin: Springer.

Asendorpf, J. B. (2019). *Persönlichkeitspsychologie für Bachelor* (Springer-Lehrbuch, 4. vollständig überarbeitete Auflage). Berlin, Heidelberg: Springer Berlin Heidelberg. https://doi.org/10.1007/978-3-662-57613-7

Badura, B. (1988). Soziale Unterstützung und gemeindenahe Versorgung. *Sozial- und Praventivmedizin* [Social support and community health care], *33*(2), 79–85. https://doi.org/10.1007/BF02098308

Beise, U., Heimes, S. & Schwarz, W. (2009). *Gesundheits- und Krankheitslehre. Das Lehrbuch für die Pflegeausbildung* (2. Aufl.). s.l.: Springer-Verlag. Verfügbar unter http://site.ebrary.com/lib/alltitles/docDetail.action?docID=10359629

Berkman, L. F. & Syme, S. L. (2017). Social Networks, Host Resistance, and Mortality: A Nine-Year Follow-up Study of Alameda County Residents. *American Journal of Epidemiology, 185*(11), 1070–1088. https://doi.org/10.1093/aje/kwx103

Birbaumer, N.-P. & Schmidt, R. F. (2018). *Biologische Psychologie* (Springer-Lehrbuch, 7., überarbeitete und ergänzte Auflage). Berlin: Springer. Verfügbar unter http://www.springer.com/

Bohus, M. (2009). *Behandlungsleitlinie Persönlichkeitsstörungen* (S2-Praxisleitlinien in Psychiatrie und Psychotherapie, Bd. 1). Heidelberg: Steinkopff.

Bosley, I. & Kasten, E. (2018). *Emotionale Intelligenz. Ein Ratgeber mit Übungsaufgaben für Kinder, Jugendliche und Erwachsene*. Berlin, Germany: Springer.

Decker, F. & Decker, A. (2015). *Gesundheit im Betrieb. Vitale Mitarbeiter - leistungsstarke Organisationen* (Edition Rosenberger, 2. Aufl. 2011. Nachdruck 2015). Wiesbaden: Springer Gabler. https://doi.org/10.1007/978-3-658-07355-8

Ditzen, B. & Heinrichs, M. (2007). Psychobiologische Mechanismen sozialer Unterstützung. *Zeitschrift für Gesundheitspsychologie, 15*(4), 143–157. https://doi.org/10.1026/0943-8149.15.4.143

Drössler, S., Steputat, A., Schubert, M., Euler, U. & Seidler, A. (2016). *Psychische Gesundheit in der Arbeitswelt*. https://doi.org/10.21934/baua:bericht20160713/2b

Ehrlenspiel, F. & Mesagno, C. (2020). Angst im Sport. In J. Schüler, M. Wegner & H. Plessner (Hrsg.), *Sportpsychologie. Grundlagen und Anwendung* (Springer-Lehrbuch, S. 267–306).

Elze, M. (Hrsg.). (2020). *Zwänge.info.* Zugriff am 27.05.2020. Verfügbar unter https://zwänge.info/zwanghafte-persoenlichkeitsstoerung

Faltermaier, T. (2017). *Gesundheitspsychologie* (Kohlhammer Kenntnis und Können, / herausgegeben von Bernd Leplow und Maria von Salisch ; Band 21, 2., überarbeitete und erweiterte Auflage). Stuttgart: Verlag W. Kohlhammer.

Fiedler, P. (2011). Persönlichkeitsstörungen. In H.-U. Wittchen & J. Hoyer (Hrsg.), *Klinische Psychologie & Psychotherapie* (Springer-Lehrbuch, 2., überarb. und erw. Aufl., S. 1101–1121). Heidelberg: Springer-Medizin.

Franken, S. (2019). *Verhaltensorientierte Führung. Handeln, Lernen und Diversity in Unternehmen* (4. Aufl. 2019). Wiesbaden: Springer Fachmedien Wiesbaden. https://doi.org/10.1007/978-3-658-25270-0

Franzkowiak, P. (BZgA Die Bundeszentrale für gesundheitliche Aufklärung ist eine Fachbehörde im Geschäftsbereich des Bundesministeriums für Gesundheit., Hrsg.). (2018). *Soziale Unterstützung.* Zugriff am 15.05.2020. Verfügbar unter https://www.leitbegriffe.bzga.de/alphabetisches-verzeichnis/soziale-unterstuetzung/

Furley, P. & Laborde, S. (2020). Emotionen im Sport. In J. Schüler, M. Wegner & H. Plessner (Hrsg.), *Sportpsychologie. Grundlagen und Anwendung* (Springer-Lehrbuch, S. 235–265).

Goleman, D. & Griese, F. (1997). *Emotionale Intelligenz* (dtv, Bd. 36020, Ungekürzte Ausg., 3. Auflage). München: Dt. Taschenbuch-Verl.

Hawlitzeck, J. (2018). *Das Zukunfts-Mindset. Neun Strategien, um auch morgen noch im Spiel zu sein.* Wiesbaden: Springer. https://doi.org/10.1007/978-3-658-20795-3

Hehn, S. v., Cornelissen, N. I. & Braun, C. (2015). *Kulturwandel in Organisationen. Ein Baukasten für angewandte Psychologie im Change-Management* (1. Auflage). Berlin: Springer. https://doi.org/10.1007/978-3-662-48171-4

Hobfoll, S. E., Freedy, J., Lane, C. & Geller, P. (1990). Conservation of Social Resources: Social Support Resource Theory. *Journal of Social and Personal Relationships, 7*(4), 465–478. https://doi.org/10.1177/0265407590074004

Hösli-Leu, S., Wade-Bohleber, L. & Wyl, A. v. (2018). Stress und soziale Unterstützung im ersten Jahr einer Berufsausbildung. In F. Sabatella & A. v. Wyl (Hrsg.), *Jugendliche im Übergang zwischen Schule und Beruf. Psychische Belastungen und Ressourcen* (S. 23–39). Berlin, Heidelberg: Springer.

House, J. S., Landis, K. R. & Umberson, D. (1988). Social relationships and health. *Science (New York, N.Y.), 241*(4865), 540–545. https://doi.org/10.1126/science.3399889

Hübner, I.-M.. *Subjektive Gesundheit und Wohlbefinden im Übergang in den Ruhestand*. Dissertation. https://doi.org/10.1007/978-3-658-16402-7

Jetter, F. & Skrotzki, R. (2005). *Soziale Kompetenz. Führungskräfte lernen Emotionale Kompetenz, Motivation, Coaching* (Walhalla Wirtschaft, Bd. 3371, 1. Aufl.). Regensburg: Walhalla Fachverl.

José, M. (2016). *Positive Psychologie und Achtsamkeit im Schulalltag. Förderung der Empathie*. Wiesbaden: Springer. Verfügbar unter http://www.springer.com/

Kanitz, A. v. (2014). *Emotionale Intelligenz* (/Haufe TaschenGuide, Bd. 222, 3. Auflage). Freiburg: Haufe. Verfügbar unter https://www.wiso-net.de/document/VHAU,AVHA__9783648060315255

Klauer, T., Knoll, N. & Schwarzer, R. (2007). Soziale Unterstützung: Neue Wege in der Forschung. *Zeitschrift für Gesundheitspsychologie, 15*(4), 141–142. https://doi.org/10.1026/0943-8149.15.4.141

Knoll, N., Scholz, U. & Rieckmann, N. (2017). *Einführung Gesundheitspsychologie. Mit 5 Tabellen und 52 Fragen zum Lernstoff* (utb-studi-e-book, Band 5, 4., aktualisierte Auflage). München: Ernst Reinhardt Verlag; UTB GmbH. Verfügbar unter http://www.utb-studi-e-book.de/9783838547459

Kohlmann, C.-W. & Eschenbeck, H. (2017). Stressbewältigung und Persönlichkeit. In R. Fuchs & M. Gerber (Hrsg.), *Handbuch Stressregulation und Sport* (Springer Reference Psychologie, Living reference work, continuously updated edition, S. 1–22). Berlin: Springer.

Kühler, U. & Euteneuer, F. (2016). Immunologische Erkrankungen: Autoimmunerkrankungen und HIV/Aids. In U. Ehlert (Hrsg.), *Verhaltensmedizin* (Springer-Lehrbuch, 2., vollständig überarbeitete und aktualisierte Auflage, S. 251–276). Berlin: Springer.

Arbeitsgemeinschaft Diabetes und Psychologie, DDG „Diabetes und Psychologie e.V." (Kulzer, B., Hrsg.).. *State-Trait-Angstinventar (STAI)*, Arbeitsgemeinschaft Diabetes und Psychologie, DDG „Diabetes und Psychologie e.V.". Zugriff am 27.05.2020. Verfügbar unter https://diabetes-psychologie.de/downloads/Beschreibung_STAI.pdf

La Marca-Ghaemmaghami, P. (2016). Gynäkologie und Geburtshilfe. In U. Ehlert (Hrsg.), *Verhaltensmedizin* (Springer-Lehrbuch, 2., vollständig überarbeitete und aktualisierte Auflage, S. 213–250). Berlin: Springer.

Lindberg, S. & Hasselhorn, M. (2018). Kognitive Entwicklung. In A. Lohaus (Hrsg.), *Entwicklungspsychologie des Jugendalters* (Springer-Lehrbuch, S. 51–73). Berlin, Germany: Springer.

Lohaus, A. & Vierhaus, M. (2019). *Entwicklungspsychologie des Kindes- und Jugendalters für Bachelor* (Springer-Lehrbuch, 4., vollständig überarbeitete Auflage).

Morschitzky, H. (2009). *Angststörungen. Diagnostik, Konzepte, Therapie, Selbsthilfe* (4. Aufl.). s.l.: Springer Verlag Wien. Verfügbar unter http://gbv.eblib.com/patron/FullRecord.aspx?p=511090

Neyer, F. J. & Asendorpf, J. (2018). *Psychologie der Persönlichkeit. Mit 136 Abbildungen und 114 Tabellen* (Springer-Lehrbuch, 6., vollständig überarbeitete Auflage). Berlin: Springer. Verfügbar unter http://www.springer.com/

Niemann, D. (2019). *Die Rolle des Partners und der Partnerin bei der Bewältigung arbeitsbedingter Belastungen. Der interaktive Prozess der sozialen Unterstützung in Paarbeziehungen* (Gesundheitspsychologie). Wiesbaden: Springer Fachmedien Wiesbaden. https://doi.org/10.1007/978-3-658-24906-9

Pastoors, S., Becker, J. H., Ebert, H. & Auge, M. (2019). *PRAXISHANDBUCH WERTEORIENTIERTE FÜHRUNG. Kompetenzen erfolgreicher Führungskräfte im 21. Jahrhundert*. [S.l.]: Springer.

Pletzer, M. A. (2017). *Emotionale Intelligenz. Einführung und Trainingsbuch* (2. Auflage 2017). Freiburg: Haufe-Lexware GmbH & Co. KG. Verfügbar unter https://www.wiso-net.de/document/HAUF,AHAU__9783648095287204

Rauthmann, J. F. (2017). *Persönlichkeitspsychologie: Paradigmen - Strömungen - Theorien* (Springer-Lehrbuch). Berlin: Springer. https://doi.org/10.1007/978-3-662-53004-7

Reinecker, H. S. (2011). Zwangsstörungen. In H.-U. Wittchen & J. Hoyer (Hrsg.), *Klinische Psychologie & Psychotherapie* (Springer-Lehrbuch, 2., überarb. und erw. Aufl., S. 1005–1019). Heidelberg: Springer-Medizin.

Reithmayr, K. (2008). *Soziale Unterstützung – ein Erfolgsfaktor für den beruflichen Wiedereinstieg nach einer beruflichen Rehabilitation?* Inauguraldissertation zur Erlangung des Doktorgrades der Humanwissenschaftlichen Fakultät der Universität zu Köln nach der Ptomotionsordnung vom 18.07.2001. Zugriff am 17.05.2020. Verfügbar unter https://kups.ub.uni-koeln.de/2484/2/Dissertation_Veroeffentlichung.pdf

Schmeck, K. & Schlüter-Müller, S. (2009). *Persönlichkeitsstörungen im Jugendalter* (Manuale psychischer Störungen bei Kindern und Jugendlichen). Berlin, Heidelberg: Springer Berlin Heidelberg. https://doi.org/10.1007/978-3-540-34528-2

Schmidt-Atzert, L., Amelang, M. & Fydrich, T. (2012). *Psychologische Diagnostik. Mit 82 Tabellen* (Springer-Lehrbuch, 5., vollständig überarbeitete und erweiterte Auflage). Berlin: Springer. https://doi.org/10.1007/978-3-642-17001-0

Schuler, H. (2002). Diskussionsforum. Emotionale Intelligenz - ein irreführender und unnötiger Begriff. *Zeitschrift für Personalpsychologie*, *1*(3), 138–140. https://doi.org/10.1026//1617-6391.1.3.138

Schulz, U. & Schwarzer, R. (2004). *Partnerschaftliche Bewältigung einer Krebserkrankung*. Berlin. Zugriff am 21.05.2020. Verfügbar unter https://userpage.fu-berlin.de/~health/materials/partner.pdf

Siegler, R. S., Eisenberg, N., DeLoache, J. S. & Saffran, J. (2016). Emotionale Entwicklung. In S. Pauen (Hrsg.), *Entwicklungspsychologie im Kindes- und Jugendalter* (4. Auflage). Berlin: Springer.

Stockhorst, U. (2016). Krebserkrankungen. In U. Ehlert (Hrsg.), *Verhaltensmedizin* (Springer-Lehrbuch, 2., vollständig überarbeitete und aktualisierte Auflage, S. 181–211). Berlin: Springer.

Tiebel, C. (2019). Nachhaltige Führung und emotionale Intelligenz als Erfolgsfaktoren. In M. Englert & A. Ternès (Hrsg.), *Nachhaltiges Management. Nachhaltigkeit als exzellenten Managementansatz entwickeln* (S. 369–386). Berlin, Heidelberg: Springer Berlin Heidelberg.

Tölle, R., Windgassen, K. & Lempp, R. (2009). *Psychiatrie. Einschließlich Psychotherapie* (Springer-Lehrbuch, 15., erweiterte und zum Teil neu verfasste Auflage). Heidelberg: Springer. https://doi.org/10.1007/978-3-540-79212-3

Traa, M. J., Vries, J. de, Bodenmann, G. & Den Oudsten, B. L. (2015). Dyadic coping and relationship functioning in couples coping with cancer: a systematic review. *British Journal of Health Psychology*, *20*(1), 1–39. https://doi.org/10.1111/bjhp.12094

Uchino, B. N., Cacioppo, J. T. & Kiecolt-Glaser, J. K. (1996). The relationship between social support and physiological processes: a review with emphasis on underlying mechanisms and implications for health. *Psychological Bulletin*, *119*(3), 488–531. https://doi.org/10.1037/0033-2909.119.3.488

Verlagsgruppe Beltz (Hrsg.).. *Ängstlichkeit*. Zugriff am 28.05.2020. Verfügbar unter https://www.beltz.de/fileadmin/beltz/downloads/Onlinematerialien-PVU/DifferentiellePsychologie/12.4_Aengstlichkeit.pdf

Wagner, D. (2018). Sucht und Angststörungen im Alter: Grundlagen und Interventionen in Beratung und Therapie. In T. Hoff (Hrsg.), *Psychotherapie mit Älteren bei Sucht und komorbiden Störungen* (Psychotherapie, S. 119–137). Berlin, Heidelberg: Springer Berlin Heidelberg.

Werth, L., Mayer, J. & Seibt, B. (2020). *Sozialpsychologie: Der Mensch in sozialen Beziehungen. Interpersonale und Intergruppenprozesse* (2., vollständig überarbeitete und erweiterte Auflage).

Zehetner, A. (2019). *Emotionale Intelligenz und Verkaufsperformance. Eine Untersuchung direkter und indirekter Effekte im Business-to-Business-Umfeld* (Handel und Internationales Marketing Retailing and International Marketing).